海权1662

郑成功收复台湾

张培忠 著　阿菩 改编　王一智 绘

本书改编自张培忠著《海权1662：郑成功收复台湾》

SPM 南方传媒　花城出版社

中国·广州

图书在版编目（ＣＩＰ）数据

郑成功收复台湾：海权1662 / 张培忠著；阿菩改
编；王一智绘. -- 广州：花城出版社，2022.8（2022.12重印）
ISBN 978-7-5360-9757-5

Ⅰ. ①郑… Ⅱ. ①张… ②阿… ③王… Ⅲ. ①郑成功
收复台湾－青少年读物 Ⅳ. ①K248.405-49

中国版本图书馆CIP数据核字(2022)第147074号

出 版 人：张　懿
责任编辑：蔡　宇　刘玮婷　徐嘉悦
技术编辑：凌春梅
封面设计：周文旋

书　　名　郑成功收复台湾——海权1662
　　　　　ZHENG CHENG GONG SHOU FU TAI WAN——HAI QUAN 1662
出版发行　花城出版社
　　　　　（广州市环市东路水荫路11号）
经　　销　全国新华书店
印　　刷　广东鹏腾宇文化创新有限公司
　　　　　（广东省珠海市高新区唐家湾镇科技九路88号10栋）
开　　本　889毫米×1194毫米　16开
印　　张　4.25
字　　数　56,000字
版　　次　2022年8月第1版　2022年12月第2次印刷
定　　价　45.00元

如发现印装质量问题，请直接与印刷厂联系调换。
购书热线：020－37604658　37602954
花城出版社网站：http://www.fcph.com.cn

前　言

张培忠　林俊敏

　　在几千年的时间里，中华文明板块边防的压力一直在西北而非东南。东南在前面两千多年是扩张的方向，后面一千多年则是文明存亡续断的大后方。直到五百年前以佛郎机为名的欧洲人东侵，原本作为大后方的东南沿海竟逐渐变成文明战争的前沿阵地，西北陆权的矛盾地位逐渐让位于东南的海权矛盾，让后者一步步成为中华文明外部矛盾的主题曲。

　　很不幸，在这场文明大争之世开启之时，又恰逢华夏文明进入衰落周期，内部衰弱叠加外部压迫，导致整个中华文明在与欧洲文明的较量中节节败退，先失马六甲远海门户，再失澳门实际控制权，再则令近海大岛大员（台湾）被荷兰人侵占。台湾海峡这个门户一失，通往东北亚的大门就此敞开，原本属于东方文明范围的日本、朝鲜半岛便逐渐被西化力量所侵蚀，变生肘腋，终于由文明力量的退失再进为土地的逐步沦丧，闻一多《七子之歌》所哀唱的"七子"逐个被侵占。这灾难又从沿海一步步地深入内陆，终于将整个东亚大陆亿万人民都拖入深渊。而这一切，皆从两大门户——马六甲与台湾的沦丧开始。

时移世易，东亚大陆以崭新的面目再度崛起，中华文明的复兴已经曙光尽现。

这一次，中华文明力量首先以经济形态逆向反推，涓涓细流已经遍布七大洲四大洋，但要形成大江大河冲向远洋的时候，却被昔日沦丧在外的两大门户所扼。五百年间，东西两大文明的较量又到了一个关键时刻，只不过这一次，蓝星的大势却已是东升西降。世界再度聚焦在了中华东南板块的近海，聚焦在了台湾。即将要发生的，不仅仅是政治、军事与经济的消长，更是文明力量的进退。

在这样一个历史关口，当我们将目光投向东南海权之得失，投向中华民族第一次体验海权压迫的历史，投向台湾这一近海门户的第一次收复，并将这一切以绘本的形式展现出来，其意义便不言而喻。

历史是在循环中前进的，它有时候会反复，但不会跟过去完全一致。当我们翻开画卷，以史为鉴，我们能够看到祖先从何而来，也能从五百年间的变化来推断我们将向哪里去。因此这本绘本描绘的虽是多年前的过往，指向的却是不久后的将来。

愿我们的文明能够和平崛起，然而我们也已经做好了准备：一旦遇到崎岖，愚公移山、精卫填海的精神也将再次显现——这是一个伟大民族能够五千年间看尽无数对手起起落落、自己却永远坐在牌桌上进行博弈争衡的根本力量所在。

目录

台湾省

　　中华人民共和国省级行政区，地处中国东南沿海，陆地面积3.6万平方千米，自古以来为中国领土。战国时称"岛夷"，两汉和三国时称"东鳀""夷洲"，隋唐以来称"流求"；南宋时隶属福建路晋江县，元代时隶属泉州同安县。明朝万历年间，正式在公文上使用"台湾"名称。明天启四年（1624）和六年（1626），荷兰和西班牙殖民者分别入侵台湾；清康熙元年（1662），郑成功驱逐侵略者，收复台湾。1895年，清政府因中日甲午战争战败，被迫割让台湾，台湾为日本所侵占。1945年抗日战争胜利，台湾光复回归祖国怀抱。台湾省是中国领土不可分割的一部分，也是中国维护自身海洋权益的重要领土。

台湾省的位置和岛屿

台湾省东濒太平洋，南隔巴士海峡与菲律宾群岛相望，西隔台湾海峡与福建省相望，西南边是中国南海，北隔东海与朝鲜半岛相望。它由中国第一大岛屿台湾岛、澎湖列岛和赤尾屿、绿岛、兰屿、彭佳屿钓鱼岛等岛屿组成。

台湾省的气候

　　台湾降水丰沛、气候湿润，是我国降水量较大的地区之一，平均年降水量是世界平均年降水量的3倍，其东部、北部降水量大而且全年有雨。

台湾省的山脉

　　台湾地势东高西低，大部分的山脉集中在东部，由5条主要山脉构成：海岸山脉、中央山脉、雪山山脉、玉山山脉、阿里山山脉。

阿里山山脉

　　共由18座高山组成，属于玉山的支脉。主峰为大塔山。群峰环绕，山峦叠翠，巨木参天。阿里山的日出、云海、晚霞、神木（古红桧树）与高山铁路，合称"阿里山五奇"，是台湾著名风景区。

玉山山脉

　　在中央山脉南端以西，阿里山山脉以东，同名主峰为中国东部最高峰。

台湾省的水系

　　台湾河川密布，大小河川共有129条，其主要河川21条、次要河川29条、普通小溪流79条，河川总长3853千米。主要河川有淡水河、大甲溪、乌溪、浊水溪、曾文溪和高屏溪。

雪山山脉

台湾最北方的山脉，整个山脉长约260千米、宽约28千米。

中央山脉

纵贯台湾岛，高峰连绵，大部分山峰高度在3000米以上，最高峰是秀姑峦山，海拔3833米。

海岸山脉

海岸山脉是菲律宾群岛漂移而来的陆地，山脉本身有许多横谷隔断，多峡谷、河川。

台湾省的行政区划

台北、新北、桃园、台中、台南、高雄6个台湾当局"直辖市"，基隆、新竹、嘉义3个市，新竹、苗栗、彰化、南投、云林、嘉义、屏东、台东、花莲、宜兰、澎湖、金门、连江（马祖）13个县。

高山族传承了许多华南古文化的传统习俗，如巢居、舟楫、杵臼、木鼓、嚼米酿酒、竹筒饮酒、羽冠、卉服、珠贝、贯头衣、筒裙、构屋笄居、歌舞、秋千、木雕、祭祀，等等。

台湾省的族群

台湾具有多元族群结构。1945年后，台湾地区形成四大族群，即闽南人、客家人、外省人和台湾少数民族，其中闽南人占台湾地区人口的绝大多数，台湾少数民族为高山族。

至2015年，经台湾当局"正名"的，高山族有阿美、排湾、泰雅、赛夏、邹、卑南、邵、雅美（达悟）、撒奈莱雅、太鲁阁、噶玛兰、布农、鲁凯、赛德克、拉阿鲁哇、卡那卡那富等16族。其语言属南岛语系，没有文字。

高山族以稻作农耕经济为主，渔猎生产为辅。高山族的手工艺主要有纺织、竹篮、剜木、雕刻、削竹、制陶等。

台湾省的特产

　　台湾处于特殊的地理位置，经过曲折的历史沿革，发展出它的特色产品，有冻顶乌龙、高山茶、凤梨酥等自然加工品，也有金钻凤梨、莲雾、芭乐、百香果等热带水果，还有珍珠奶茶、太阳饼、牛轧糖等创新特产。

金钻凤梨

高山茶

芭乐 莲雾

百香果

大肠蚵仔面线

台湾省的饮食文化

　　台湾的菜系主要包括台湾菜、福建菜、广东菜、江浙菜、上海菜、湖南菜、四川菜、北京菜、客家菜等，各种风味俱全。

　　最具本地特色的台湾菜注重自然原味，以清、鲜为先，调味不求繁复，"清、淡、鲜、醇"为烹调重点。

特色菜：

　　菜脯蛋、花生猪脚、三杯鸡、姜母鸭、蒸笼沙虾、生炒花枝、凉拌鹅肉、卤肉饭等。

　　台湾小吃种类多样，是人们生活中最具代表性的饮食文化。在台湾，到处可以吃到小吃，尤其是夜市，是台湾非常特殊的文化。每个夜市都充斥琳琅满目的小吃，有不同的特色与风味。台北夜市与士林夜市也是台湾的知名景点。

小吃：

　　蚵仔煎、虱目鱼肚粥、炒米粉、大饼包小饼、万峦猪脚、大肠蚵仔面线、甜不辣、台南担仔面、润饼、烧仙草、筒仔米糕、花枝羹、东山鸭头、肉圆、卤肉饭等。

花生猪脚

三杯鸡

卤肉饭

蚵仔煎

台湾省的著名景点

　　台湾由于地势复杂、历史悠久、经济较为发达等原因，特色景点兼具人文与自然，各有特色。著名景点有：日月潭（台湾第一大天然湖）、台北101大楼、台北"故宫博物院"（中国三大博物馆之一）、垦丁公园（台湾第一座森林公园）、阿里山等。

台湾省的历史

台湾自古以来就与祖国大陆有着千丝万缕、同宗同源切不断的联系。

三国

吴王孙权派1万官兵到达"夷洲"（台湾）。吴人沈莹所著的《临海水土志》留下了世界上对台湾最早的记述。

隋炀帝杨广曾三次派人到"流求"（台湾）。第一次是为求访异俗，因语言不通，掠一人而返；隔年又派人前往，慰抚当地居民；大业六年（610），派兵征伐。

南宋

南宋时，澎湖（台湾）划归福建路晋江县（今福建省晋江市）管辖，并派军屯戍。

元朝

　　至元二十九年（1292），元世祖忽必烈派官员到澎湖（台湾）"宣抚"。元顺帝至元年间（1335—1340），元朝正式在澎湖设巡检司管辖澎湖，隶属福建泉州同安县（今厦门市）。

　　中国在台湾设立专门政权机构，自此开始。

1368年，明太祖朱元璋推翻了元朝的统治，建立明朝。

随后朱元璋下令实行闭关锁国政策——"片板不许入海"。其后颁行的《大明律》更规定："凡将马、牛、军需、铁器、铜钱、缎匹、纱绢、丝绵私出外境货卖及下海者，杖一百……物货船车并入官……若将人口、军需出境及下海者，绞。因而走泄事情者，斩。"

（初，明祖定制，片板不许入海。——《明史·卷二百五·朱纨传》）

虽然中间有过"隆庆开关"的特例，但是到了最后一位崇祯皇帝的时候，明朝的政策依然是闭关锁国。

崇祯在1630年重申了海禁，偌大的闽台贸易执照仅象征性地发放六张，并通过加重税收的办法釜底抽薪，使海上贸易名存实亡。

鹿藤糖米
肉

锡木麻琥胡香
棉布珀椒料

台湾

明末海上贸易关系图

虽然明朝实施的是海禁政策，但是台湾依然是中国与世界交易的重要贸易枢纽。日本和荷兰每年都有几十艘商船往来台湾进行贸易。

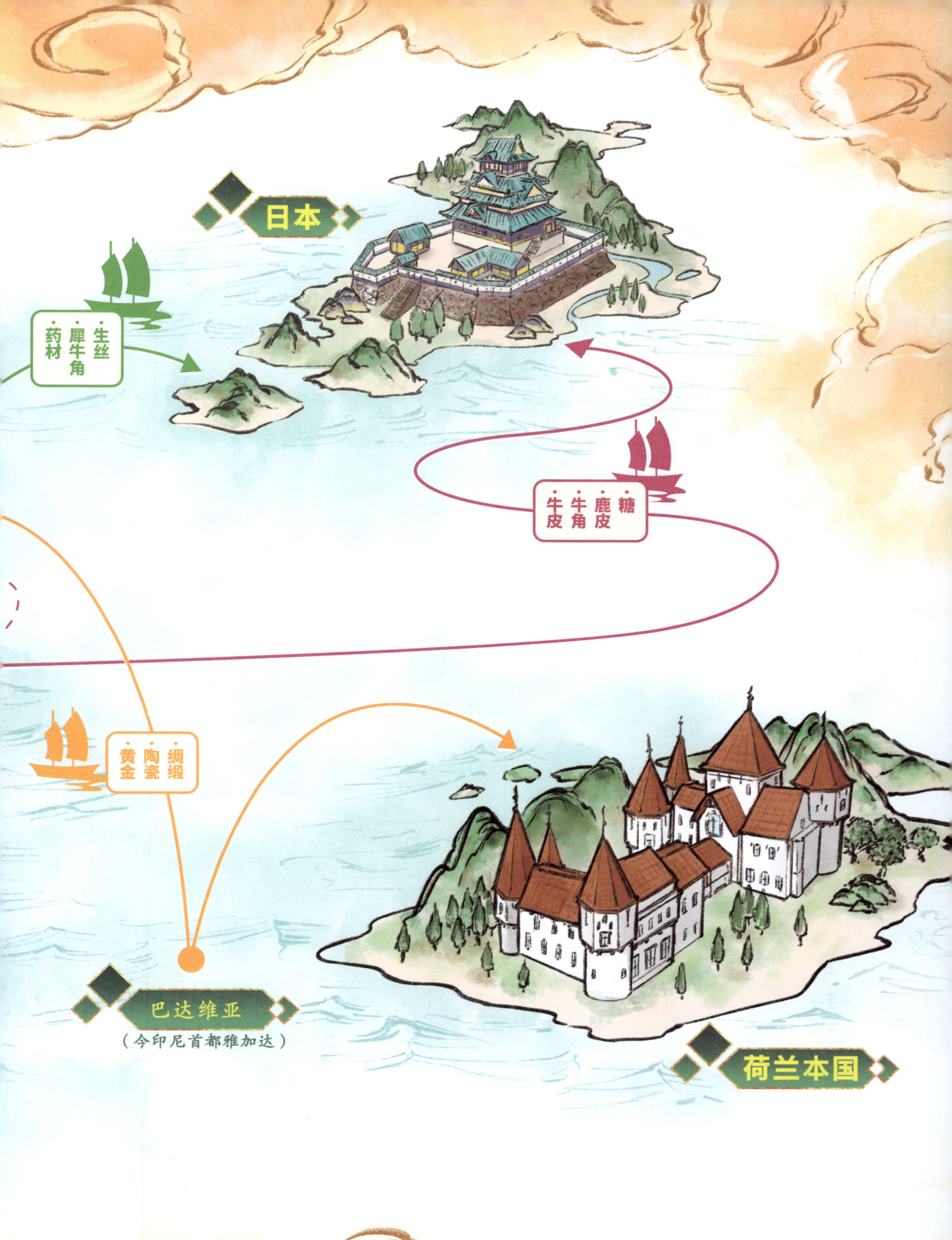

日本

药材 犀牛角 生丝

牛皮 牛角 鹿皮 糖

黄金 陶瓷 绸缎

巴达维亚
（今印尼首都雅加达）

荷兰本国

大航海时代与海权

在明朝闭关锁国的进程中，世界通过地理大发现、贸易大发展进入了大航海时代。

正如《共产党宣言》中指出的："美洲的发现、绕过非洲的航行，给新兴的资产阶级开辟了新天地。东印度和中国的市场、美洲的殖民化、对殖民地的贸易、交换手段和一般的商品的增加，使商业、航海业和工业空前高涨，因而使正在崩溃的封建社会内部的革命因素迅速发展。"——《马克思恩格斯选集（第一卷）》，人民出版社，1995年版

而大航海时代所孕育的最为重要的概念，即海权的概念——谁占据了海上的优势，谁就掌握了战争和发展的主动权。

荷兰东印度公司

荷兰东印度公司是航海时代早期最为突出的代表

　　荷兰东印度公司成立于1602年3月20日，原称为荷兰联合东印度公司，是第一个可以自组佣兵、发行货币的公司，也是第一个股份有限公司，并被获准与其他国家订立正式条约，并对该地实行殖民统治，代表荷兰向外扩张。到1669年，荷兰东印度公司已是世界上最富有的私人公司，拥有超过150艘商船、40艘战舰、5万名员工与1万名佣兵。

中国的抗争

　　明末清初，郑芝龙、郑成功父子所缔造的海商集团与当时世界上第一家跨国公司——荷兰东印度公司展开全球化竞争、战略博弈。这场地理大发现、贸易大发展、海权大碰撞的生死搏斗，最终是郑成功于1662年收复台湾，取得全面胜利。

十八芝

在与荷兰东印度公司的对抗中，颇具国际知名度的中国官员、商人——郑芝龙就是佼佼者。

郑芝龙出生于福建省南安，字"曰甲"，号"飞黄"，小名"一官"。

郑芝龙出道早，有气魄，在众多抵抗者的合纵连横中逐渐取得优势。有十八支抵抗队伍以郑芝龙为首领，他们结盟时，以"芝"为排行，号称"十八芝"。

考证得出名字的有：郑芝龙、郑芝虎、郑芝豹、郑芝莞、郑芝凤、陈衷纪、杨六（又称杨禄）、杨七（又称杨策）、李魁奇（又称李芝奇）、钟斌、陈盛宇、方芝骐、郭芝葵、郭芝兰、紫芝哥、刘香等人。

台湾有优越的地理位置和丰富的物产资源。它成为郑芝龙的海商集团基地以后，郑芝龙着意经营，除招募兵员外，还大量移民入台。移民到达台湾后，开垦荒地，种植粮食，发展生产，为海商集团提供后勤保障。

郑芝龙以台湾为基地，与祖国大陆和荷兰东印度公司开展贸易，不仅将生意做到了泉州、宁波、广州、澳门，还做到了海外，比如日本。日常货物、乡村特产、番货远物、异宝奇珍，纷纷从海内外各地到台湾集结，也有的经台湾到更远的地方去售卖。

29

在郑芝龙接受明朝的封赏，成为明朝的官员后，与原来郑芝龙统治集团的内部和曾与他对抗过的抵抗队伍发生了严重的纷争。一些强烈反对郑芝龙成为明朝的官员；一些自由自在惯了，不愿意接受朝廷的管束；还有一些趁机挑拨离间，拉走了郑芝龙的骨干队伍。

郑芝龙十分痛恨那些忘恩负义又扶不起的昔日部属，决定重整旗鼓，将他们一一剿灭。

1629年12月18日
郑芝龙率水师从泉州南下，在厦门大败李魁奇。

疆长城

1635年4月8日

郑芝龙率水师航行到田尾洋，与刘香船队遭遇。刘香走投无路，举火焚船，连船带人化作灰烬。

1631年2月14日

郑芝龙出师海上，在闽粤交界的洋面南澳宫前围攻钟斌船队。数月后，钟斌战败，投海而死。

剿灭刘香集团之后，朝野对郑芝龙一片赞誉。朝廷论功行赏，擢升郑芝龙为福建总兵。郑芝龙被明朝倚为"海疆长城"。

民族英雄郑成功

然而，郑芝龙的眼界和学识局限了他的个人发展，郑芝龙的长子**郑成功，才是郑氏集团的集大成者。**

郑成功，名"森"，字"明俨"，1624年出生于日本，是出色的军事家、政治家。由于其收复台湾的卓越贡献，他被明朝皇帝赐姓"朱"，赐名"成功"，赐尚方剑，仪同驸马，封延平王，是维护我国领土完整、民族统一功垂万世的民族英雄。

1646年冬，郑成功在闽粤南澳总镇府进行征兵。

郑成功命兵卒抬来两百多斤重的验兵石，凡是能将巨石举过头顶的，就可以被招募入伍并成为骨干。一时间，有志青年纷纷投到郑成功麾下。郑成功迅速集结起一支数千人的军队。

1646年12月，郑成功率众将士在烈屿举行隆重的定盟誓师起义仪式。

这天，北风呼号，海浪翻滚，铳城内外，炮台上下，"明招讨大将军国姓"等旗帜迎风招展，身穿缟素的士兵列队肃立。主盟台上，设高皇帝神位，香烟缭绕。郑成功率众，素服角巾，跪拜于神位前，泣告并盟誓于明朝的列祖列宗，誓将奋勇杀敌，驱除鞑虏，还我河山！顿时，群情激昂，杀声震天。

郑成功在南澳举义旗，得道多助，应者云集。

在叔父郑鸿逵的帮助下，郑成功带兵从南澳出发，连破福建同安、海澄、漳浦，并攻克泉州，不断扩大自己的军事实力。

1650年8月，郑成功带领舟师向厦门进发，趁建国公郑彩引兵外出，突袭该岛，捕杀郑彩之弟郑联，收编郑联部将，招徕郑彩部将。

至此，郑成功完全掌握了郑家的全部军团，南澳、铜山、厦门、金门贯通一线，成为郑成功积聚力量的地方。

郑成功迎来了真正属于自己的辉煌时代。

郑成功为了筹集军费，设立了山路五商。

山路五商分为金、木、水、火、土五间商号，负责采购生丝、绸缎、绫罗等产自祖国大陆的货物并运销外洋，机构设在杭州。

除了山路五商，郑成功同时也设立了海路五商。

海路五商分为仁、义、礼、智、信五家商行，主要贩运从东西两洋换回来的"杉桅、桐油、铁器、硝磺、绫、粮米一切应用之物"等军需物资，机构设在厦门。

1622年，荷兰东印度公司再次占领澎湖，并在主岛上建立堡垒作为发动侵华与长期贸易的基地。他们派遣船只大肆侵扰台湾沿岸，劫掠大陆濒海地区，烧毁村庄和船只，把中国劳工贩卖到巴达维亚（今印尼首都雅加达）充当奴隶。

荷兰东印度公司台湾商馆历任长官（总督）

1622—1625 宋克（MARTEN SONK）	1643—1644 梅尔（MAXIMILIAN LE MAIRE）
1625—1627 魏斯（GERARD F.DE WITH）	1644—1646 卡隆（FRANCOIS CARON）
1627—1629 诺伊兹（PIERER NUYTS）	1646—1649 欧佛华德（PIETER OVERTWATER）
1629—1636 普特曼斯（HANS PUTMANS）	1649—1653 攀直武录（NICOLAES VERBURGH）
1636—1640 德包尔（JOHAN VAN DER BURG）	1653—1656 凯撒（CORNELIS CAESAR）
1640—1643 特劳牛斯（PAULUS TRAUDENIUS）	1656—1662 揆一（FREDERIK COYETT）

1652年，台湾爆发了郭怀一领导的武装起义。9月18日凌晨，郭怀一率军围攻赤嵌城，遭到了荷兰人的残酷镇压。这一次起义，被杀害的男子4000多人、妇女5000多人，小孩子还未统计在内。

　　为了防止中国人再次反抗，荷兰人在赤嵌城建造了新的要塞——普罗文查城堡（今台南赤嵌楼）。

兴师驱荷，是中国三百多年前在台湾问题上一个极其重要的战略决策，也是巩固中国海权的必然选择。

1661年4月，郑成功决定亲自率主力出征台湾。这支主力共分两批赴台，约2.5万人。

1661年5月20日，郑成功军队和荷兰舰队在海面遭遇。郑军炸沉荷兰一艘主力舰，重创一艘主力舰，荷军其他船只负创而逃，取得大胜。

荷兰东印度公司贝德尔上尉率领240名士兵在北线尾岛南段登陆。他们12人一排，神气活现地阔步向前。这批荷军首先遇到郑军宣毅前镇督统陈泽，随后又遇到了另一路郑军过来包抄。

最终贝德尔上尉及其部下损失过半，落荒而逃。

阿尔多普上尉率领另一支由200名士兵组成的荷军，准备前往士美村一带阻击郑军，但见势不妙，改道增援普罗文查城。

　　郑军一登陆随即包围了普罗文查。郑成功采用武力解决与招降双管齐下的方针，迫使荷军献出了城堡和所有军用物资，向郑军投降。

　　郑成功顺利收复台湾本岛。

荷兰军队撤出台湾本岛以后退守热兰遮城（今台南市安平古堡）。郑成功把他们围困在内，长达半年之久。

1662年1月25日清晨，郑军用28门巨炮轰击了一整天，把热兰遮城的主要外围阵堡——乌特利支堡彻底炸毁。荷兰守军走投无路，决定投降。

1662年2月1日，荷兰东印度公司的台湾长官揆一签下投降条约。2月17日，揆一率领残兵败将返航巴达维亚，永远结束了荷兰东印度公司对台湾38年的殖民统治，台湾重新回到祖国的怀抱。

郑氏海商集团在海权战略上纵横捭阖，诠释着中华民族海权史上空前辉煌的一页。

正像郑成功在身世自述中所说的："凤凰翱翔于千仞之上，悠悠乎宇宙之间，任其纵横而所之者，超超然脱乎世俗之外者也。"这就是郑成功虽九死犹未悔的英雄气概，也是其锐意进取，为祖国收复领土，维护祖国海权，成为民族英雄的精神密码。